BEI GRIN MACHT SICH IHR WISSEN BEZAHLT

- Wir veröffentlichen Ihre Hausarbeit, Bachelor- und Masterarbeit
- Ihr eigenes eBook und Buch - weltweit in allen wichtigen Shops
- Verdienen Sie an jedem Verkauf

Jetzt bei www.GRIN.com hochladen und kostenlos publizieren

Bibliografische Information der Deutschen Nationalbibliothek:

Die Deutsche Bibliothek verzeichnet diese Publikation in der Deutschen Nationalbibliografie; detaillierte bibliografische Daten sind im Internet über http://dnb.d-nb.de/ abrufbar.

Dieses Werk sowie alle darin enthaltenen einzelnen Beiträge und Abbildungen sind urheberrechtlich geschützt. Jede Verwertung, die nicht ausdrücklich vom Urheberrechtsschutz zugelassen ist, bedarf der vorherigen Zustimmung des Verlages. Das gilt insbesondere für Vervielfältigungen, Bearbeitungen, Übersetzungen, Mikroverfilmungen, Auswertungen durch Datenbanken und für die Einspeicherung und Verarbeitung in elektronische Systeme. Alle Rechte, auch die des auszugsweisen Nachdrucks, der fotomechanischen Wiedergabe (einschließlich Mikrokopie) sowie der Auswertung durch Datenbanken oder ähnliche Einrichtungen, vorbehalten.

Impressum:

Copyright © 2014 GRIN Verlag, Open Publishing GmbH
Druck und Bindung: Books on Demand GmbH, Norderstedt Germany
ISBN: 978-3-668-13575-8

Dieses Buch bei GRIN:

http://www.grin.com/de/e-book/315044/kassandra-von-christa-wolf-der-mythos-kassandra-als-mittel-der-kritik

Anonym

"Kassandra" von Christa Wolf. Der Mythos "Kassandra" als Mittel der Kritik an der DDR

GRIN Verlag

GRIN - Your knowledge has value

Der GRIN Verlag publiziert seit 1998 wissenschaftliche Arbeiten von Studenten, Hochschullehrern und anderen Akademikern als eBook und gedrucktes Buch. Die Verlagswebsite www.grin.com ist die ideale Plattform zur Veröffentlichung von Hausarbeiten, Abschlussarbeiten, wissenschaftlichen Aufsätzen, Dissertationen und Fachbüchern.

Besuchen Sie uns im Internet:

http://www.grin.com/

http://www.facebook.com/grincom

http://www.twitter.com/grin_com

Inhaltsverzeichnis

1. Einleitung   S. 3
2. Zeithistorischer Kontext   S. 3
3. Überlegung zum Mythosbegriff   S. 4
    3.1. Allgemeine Interpretation des Mythosbegriffs   S. 4
    3.2. Christa Wolfs Interpretation des Mythosbegriffs   S. 5
4. Analogie vom Mythos Kassandra mit der historischen Gegenwart und die Kritik an der DDR   S. 7
5. Fazit   S.11
6. Literaturverzeichnis   S.13

1. Einleitung

Christa Wolfs Roman „Kassandra" ist ein bedeutendes Werk der deutschen Nachkriegsliteratur. Doch was genau macht ihr Werk so einzigartig?
Im Zentrum der Erzählung steht die trojanische Königstochter Kassandra. Als Seherin hat sie den Untergang Trojas vorausgesehen, doch keiner will ihren Worten glauben.
Kassandra, die ihren Tod erwartet, steht vor dem Tor von Mykene und durchläuft in Gedanken alle Ereignisse, die sie während des trojanischen Krieges und Untergangs Trojas durchlebt hat. Christa Wolf lässt die Protagonistin Kassandra in einem langen Erinnerungsmonolog von ihrem Schicksal berichten, dabei macht die Autorin nicht nur auf die Geschehnisse in Troja aufmerksam.
Gegenstand dieser Hausarbeit ist, wie und warum Christa Wolf den Mythos Kassandra so funktionalisiert, dass er auf die Ereignisse der 80er Jahre übertragen werden kann. Anhand dieser Erzählung übt sie indirekt Kritik an den gesellschaftlichen und politischen Zuständen ihrer Gegenwart aus.

Zu Beginn dieser Arbeit wird kurz auf den zeithistorischen Kontext eingegangen und darauf, was hinter dem Begriff „Mythos" steckt, welches Potenzial sich in ihm verbirgt und wieso Christa Wolf diese Erzählform für ihren gesellschaftskritischen Roman gewählt hat.
Warum hat sie einen so weit zurückliegenden archaischen Text gewählt? Und was verbindet sie mit der Seherin Kassandra?
Diesen Fragen wird in der Arbeit nachgegangen, deren Mittelpunkt die Analogie zwischen dem trojanischen Krieg der Antike und dem Kalten Krieg der Gegenwart Christa Wolfs darstellt.
Mit dem abschließenden Fazit wird auf die wichtigsten Botschaften und die mit der Erzählung verbundenen Erwartungen Christa Wolfs hingewiesen.

2. Zeithistorischer Kontext

Entstanden ist das Werk Christa Wolfs 1983, kurz vor dem Ende des Kalten Krieges. In dieser Zeit hatte das atomare Wettrüsten zwischen den USA und der Sowjetunion seinen Höhepunkt erreicht, was eine atomare Bedrohung für Europa darstellte. Schon in den 70er Jahren gab es zwischen den Ost- und Westmächten Abkommen, die die Anzahl der Langstrecken Atomraketen der beiden Mächte in Gleichgewicht hielten. Doch die Sowjetunion hatte ihr militärisches Potenzial ausgeweitet, indem sie vermehrt Kurz- und Mittelstrecken Atomraketen stationierte, welche nicht in diesen Abkommen berücksichtigt wurden.

Als Reaktion darauf wurde am 12. Dezember 1979 beschlossen, im Rahmen des "Nato-Doppelbeschlusses" dem militärischen Übergewicht der Sowjetunion entgegenzuwirken, da die sowjetische Aufrüstung von der NATO als große Gefahr angesehen wurde.[1]

1982 wurden daraufhin in Genf Abrüstungsgespräche zwischen den West- und Ostblöcken geführt, welche jedoch scheiterten, da keine Einigung über das Gleichgewicht der atomaren Kurz- und Mittelraketen gefunden werden konnte. Als Folge davon planten die Amerikaner die Stationierung von weiteren Atomraketen, den Pershing-II-Raketen, auf deutschem Boden.

Diese Bedrohung löste eine Friedensbewegung aus, die gegen das atomare Aufrüsten der USA und der Sowjetunion protestierte, der es aber nicht gelang die Stationierung der Atomraketen in der BRD zu verhindern.[2]

3. Überlegung zum Mythosbegriff
3.1. Allgemeine Interpretation des Mythosbegriffs

Eine mögliche Definition des Mythos ist, dass dieser über Götter oder Ereignisse aus der Antike erzählt, dabei versucht er meist dem Ursprung der Welt oder der Menschen auf den Grund zu gehen.[3]

Mythen gelten also als eine „grundlegende menschliche Erfahrung"[4], da sich in ihnen immer ein Wahrheitsanspruch finden lässt, der „kulturübergreifend ist und eine

---

[1] Vgl. Leis, Mario: Christa Wolf, Kassandra. Lektüreschlüssel für Schülerinnen und Schüler. Stuttgart: Reclam, 2008, S. 49-50
[2] Vgl. Matzkowski, Bernd: Erläuterungen und Materialien. Bd. 372, 2008, 4. Aufl., S. 9-10
[3] Vgl. Der Brockhaus. In drei Bänden. Dritte, völlig neu bearbeitete Auflage. Leipzig, Mannheim: F.A. Brockhaus, 2004. (Bd. 2.), S. 724, Artikel Mythos
[4] Jamme, Christoph: „Gott an hat ein Gewand". Grenzen und Perspektiven philosophischer Mythos-Theorien der Gegenwart. Frankfurt a.M.: Suhrkamp, 1991, S. 17

überzeitliche Verbindlichkeit"[5] aufweist.

Ein bloßer Rückgriff auf einen Mythos reicht aber nicht.[6] Man muss bewusst aus der Sammlung an Mythen wählen und ihn an die Leser anpassen, sodass die Botschaft oder auch die Moral des gewählten Mythos sowohl auf ihre Gegenwart, als auch auf ihre Zukunft zutrifft.

Die Funktion des Mythos weist Uneinigkeiten auf, da „[d]er Mythos älter als jede Ideologie, niemals eindeutig [ist], er enthält seine eigene Widerlegung."[7]

So bieten sich bei der Analyse eines Mythos viele Interpretationsmöglichkeiten, sodass ihm eine gewisse Zeitlosigkeit zukommt.

Manfred Frank beschreibt die anhaltende Aktualität des Mythos, indem er davon ausgeht, dass es etwas in der Vergangenheit gab, das sich nicht verwirklicht hat und somit so lange eine Hoffnung bleibt, bis es sich erfüllt.[8] Auch Ernst Bloch kommt zu dem Entschluss, dass Mythen als „bislang unerfüllt Gebliebenes und Anregung für noch zu Erreichendes, als utopisches Reservoir für gegenwärtige Kritik an der patriarchalen Wirklichkeit und für alternative Entwürfe von Weiblichkeit"[9] gelesen werden können. Auch die Erzählung Kassandra von Christa Wolf ist von einer neuen Weiblichkeit geprägt und ist gleichzeitig ein Beispiel dafür, dass der Mythos ein kritisches Potenzial hat und dieses auf die Gegenwart der Erzählung anwendet.

3.2. Christa Wolfs Interpretation des Mythosbegriffs

In ihrem Arbeitstagebuch greift Christa Wolf mehrfach das Thema, um den Begriff Mythos auf. Sie teilt Robert von Ranke-Graves Auffassung, dass ein Mythos als ein „Spiegel realer, geschichtlicher Begebenheiten" dient.[10]

---

[5] Roser, Birgit: Mythenbehandlung und Kompositionstechnik in Christa Wolfs „Medea. Stimmen". Frankfurt/Main: Lang, 2000, S. 21
[6] Vgl. ebd., S. 29
[7] Engelhardt, Michael v./Rohrwasser, Michael: Kassandra – Odysseus – Prometheus. Modelle der Mythosrezeption in der DDR-Literatur. In: L'80 (Juni 1985) Heft 34, S. 51
[8] Frank, Manfred: Der kommende Gott. Vorlesung über die Neue Mythologie, Teil 1. Frankfurt a.M.: Suhrkamp 1982 (=edition suhrkamp, Bd. 1142), S. 40.
[9] Vgl. Roser, Birgit: Mythenbehandlung und Kompositionstechnik in Christa Wolfs „Medea. Stimmen", 2000, S. 31
[10] Vgl. Ranke-Graves, Robert von: Griechische Mythologie. Quellen und Deutung. Hamburg: Rowohlt, 1984, S. 18-19

Das soll heißen, dass Mythen die Wahrheit widerspiegeln. Aus diesem Grund wählt Christa Wolf diese Erzählform, um mythologisch verschlüsselt die "sozialen und historischen Koordinaten"[11] ihrer eigenen Gegenwart an die Öffentlichkeit zu bringen. Dadurch wird das Geschichtsbewusstsein der Autorin deutlich, denn ihr ist es wichtig, sich mit der Vergangenheit und ihrem Bezug zu der Gegenwart auseinanderzusetzen. Das folgende Zitat von Klemens Renolder bekräftigt Christa Wolfs Erwartung an das Bewusstsein von Geschichte:

> „Geschichte nicht nur theoretisch und abstrakt zu erfassen, sondern auch in den Auswirkungen für die Betroffenen mitzuempfinden. Durch die Neuerschaffung und die damit verbundene Intensivierung der Erinnerung, jeweils auf der Gegenwartsebene basierend, diese betreffend, werden verlorene, von außen her zerstörte oder verdrängte Erfahrungen, Gefühle und Gedanken in ihrer historischen und gesellschaftlichen Bedeutung als substantiell, als zum Verständnis von Gegenwart, zum Erfahren von Geschichte unabdingbar, zur Selbstbestimmung – und dadurch Bestimmung anderer – dienend begriffen."[12]

Ihre Intention ist, Erinnerungen „neu zu erschaffen", um ihren Lesern die Fähigkeit zu vermitteln, auch bei der Konfrontation mit einem fremden archaischen Stoff, die Botschaft auf ihre eigene Gegenwart übertragen zu können und somit die versteckte Wahrheit, die sich dahinter verbirgt, zu erfassen.[13]
Durch das tragische Schicksal Kassandras werden die Leser mitgenommen und sensibilisiert, sodass in ihnen das Bedürfnis geweckt wird ein ähnliches Schicksal zu verhindern d.h. sich den gegenwärtigen Mächten der atomaren Politik zu widersetzen. Christa Wolf lädt also mit der Erzählung Kassandra ihre Leser dazu ein, sich mit einer mythologisch verschlüsselten Form der eigenen Wirklichkeit auseinanderzusetzen und den „Spuren[en] [auf den Grund zu gehen], die die Ereignisse in unserm Innern hinterlassen".[14]

---

[11] Wolf, Christa: Voraussetzungen einer Erzählung: Kassandra. Frankfurter Poetik-Vorlesungen. Frankfurt a.M.: Suhrkamp, 2008, S. 152
[12] Renolder, Klemens: Utopie und Geschichtsbewusstsein, Versuche zur Poetik Christa Wolfs. Stuttgart: Akademischer Verlag, 1981, S. 20
[13] Vgl. Risse, Stefanie: Wahrnehmung und Erkennen in Christa Wolfs Erzählung „Kassandra". Pfaffenweiler: Centaurus-Verlagsgesellschaft, 1986, S. 103
[14] Wolf, Christa: Nachdenken über Christa T., 12.Aufl., Darmstadt und Neuwied: Luchterhand, 1979, S.167

4. Analogie vom Mythos Kassandra mit der historischen Gegenwart und die Kritik an der DDR

Christa Wolf, die als Autorin weltweit anerkannt war, genoss in der DDR trotz ihrer kritischen Haltung eine Sonderstellung. Deshalb durfte sie Gastdozenturen außerhalb der DDR wahrnehmen. Ab 1982 hielt sie die Poetik Vorlesungen an der Frankfurter Goethe Universität, in denen sie sich auf Kassandra fokussierte. Ihre Vorlesungen gestaltete sie im übertragenen Sinn in Form einer Reise in das Geschehen des Mythos. In ihrer Erzählung übt Christa Wolf keine direkte Kritik an der DDR aus. Vielmehr stellt sie Parallelen zwischen dem Mythos und ihrer Gegenwart her, um die Aktualität des Kassandrastoffes deutlich zu machen.

Ein wesentliches Merkmal, das Christa Wolf in ihren Vorlesungen mehrmals erwähnt, ist der Übergang vom Matriarchat zum Patriarchat. Also die Unterdrückung einer Gesellschaftsform, in der Frauen über eine Machtposition verfügen, durch ein System, das von Männern dominiert wird. Hekabe, die anfangs noch eine gleichberechtigte Position neben ihrem Mann, dem König Priamos, besitzt, verliert nach und nach ihr Mitspracherecht. Das patriarchale Denken und Handeln, welches durch Besitzdenken, Hierarchien, Herrschaftsdenken, Aggressivität und Unterdrückung der Frau gekennzeichnet ist, setzt sich im Mythosgeschehen durch.[15] Aber auch in ihrer aktuellen politischen Gegenwart beobachtet die Autorin patriarchale Merkmale.

Für das Wettrüsten der beiden Großmächte, USA und Sowjetunion, macht sie vor allem die männlichen Politiker verantwortlich.[16] Die Frauen werden in der Antike, aber auch in der Gegenwart aus allen politisch relevanten Entscheidungsprozessen ausgeschlossen.

Bei der Suche nach den Anfängen des männlichen Machtstrebens, begegnen ihr „patriarchalische Strukturen des Denkens und Regierens"[17] die sich über 3000 Jahre nicht verändert haben.

Auch die Machtinhaber und deren Ideologien haben sich im Verlauf der Zeit nicht

---

[15] Vgl. Hellberg, Wolf Dieter: Lektürehilfen Christa Wolf, „Kassandra". Stuttgart: Klett Lernen und Wissen, 2007, S. 71
[16] Wolf, Christa: Voraussetzungen einer Erzählung: Kassandra. Frankfurter Poetik-Vorlesungen. 2008, S. 154
[17] Ebd.

verändert, der einzige Unterschied liegt darin, dass heute mit anderen Mitteln gekämpft wird.

> „In Troia aber, das glaub ich sicher, waren die Leute nicht anders, als wir es sind. Ihre Götter sind unsere Götter, die falschen. Nur sind unsere Mittel nicht ihre Mittel gewesen."[18]

Während in Troja noch die Männer im körperlichen Kampf gegen andere Männer kämpften, bietet sich in den 80er Jahren auch der Einsatz von atomaren Waffen.

Der wahre Kriegsgrund zwischen Troja und Griechenland war laut Christa Wolf nicht Helena, denn diese kam nicht mit Paris nach Troja, sondern floh nach Ägypten.[19] Vielmehr war Wirtschaftsinteresse der wahre Grund, weshalb der Krieg ausgebrochen ist. Das Ziel der Griechen war, Zugang zum Bosporus zu erlangen, da dies ein Seehandelsweg zum Schwarzen Meer war, welcher aber unter der Kontrolle der Trojaner stand.[20] Rücksichtslos gefährdeten die Herrscher ihr Land und Volk, um mehr Macht über ihre Feinde zu erlangen. Je mehr sich Christa Wolf in die Umstände um den trojanischen Krieg vertieft, desto mehr werden ihr die Parallelen zur gegenwärtigen politischen Situation bewusst.

> „Nie sei die Gefahr eines Atomkrieges so groß gewesen wie heute, erklärt das schwedische Institut für Friedensforschung in seinem Jahresbericht. 60 000 Atomsprengkörper seien auf der Welt gelagert."[21]

Europa soll zum Austragungsort des nächsten Krieges gemacht werden und „habe, wenn es nicht damit beginnt, eine vollkommen andere Politik zu betreiben, noch eine Gnadenfrist von drei, vier Jahren."[22] Diese militärischen Ereignisse sind Folgen von männlichem Denken und aggressivem Machtstreben.
Christa Wolf macht ihre Entfremdung von dem politischen System der DDR deutlich, indem sie behauptet, dass durch Kritik an den Umständen des eigenen Landes, Kriege verhindert werden können.[23] Auch Kassandra entfremdet sich durch ihre Prophezeiungen von ihrer Familie und somit vom trojanischen Palast.

---

[18] Ebd., S. 130
[19] Ebd., S.140-141
[20] Ebd., S.27
[21] Ebd., S. 119
[22] Ebd., S. 144-145
[23] Ebd., S. 156

„Sie ‚sieht' die Zukunft, weil sie den Mut hat, die wirklichen Verhältnisse der Gegenwart zu sehen. [...] Dadurch begibt sie sich bewusst ins Abseits, entledigt sich aller Privilegien, setzt sich Verdächtigungen, Verhöhnungen, Verfolgungen aus."[24]

Es findet also eine Verknüpfung zwischen Christa Wolfs eigener gesellschaftlicher und politischer Wirklichkeit mit der von Kassandra statt. Während Christa Wolf mit einer Bedrohung in Form der atomaren Aufrüstung der Großmächte konfrontiert ist, ist Kassandra durch den Einmarsch der Griechen bedroht.

Der Charakter Eumelos ist eines der Beispiele, durch das Christa Wolf die Staatssicherheit der DDR kritisiert, denn diese Figur erinnert an den Minister für Staatssicherheit Erich Mielke, welcher für den Ausbau des Bespitzel- und Überwachungssystems verantwortlich war.[25]
Eumelos, der zu Anfang der Erzählung noch bedeutungslos scheint, erschleicht sich im Verlauf des Geschehens das Vertrauen, des trojanischen Königs Priamos und steigt zum Chef der Palastwache auf. Diese übernahm bis zu diesem Zeitpunkt nur Repräsentationsaufgaben an hohen Feiertagen, doch Eumelos baut sie zu einem Staatssicherheitsdienst aus, die den Charakter einer Geheim- und Sonderpolizei hat. Zusätzlich stellt er Tempeldiener ein, die von nun an Troja kontrollieren und bespitzeln, sogar die Mitglieder des Königshauses lässt er überwachen.
Hiermit bezieht sich Wolf auf den Staatssicherheitsdienst aus der DDR, da das trojanische Überwachungssystem an die GESTAPO und die STASI erinnert.
Als Motor des Propagandaapparates stellt Eumelos Palastschreiber ein, die ihm ermöglichen das Volk sprachlich zu lenken: "geistig müßten wir gerüstet sein, wenn der Grieche uns angreife"[26]
Eumelos sorgt also für die Konstruktion eines Feindbildes, um die Trojaner gegen die Griechen aufzuhetzen und so entsteht die sogenannte "geistige Rüstung" der Trojaner noch bevor der Krieg überhaupt ausgebrochen ist.
Eumelos offenbart dem Volk eine verschleierte Form der Wahrheit über die aktuellen Ereignisse und manipuliert somit durch bewusst gewählte Sprache seine Landsleute.

---

[24] Ebd., S. 132
[25] Vgl. Hellberg, Wolf Dieter: Lektürehilfen Christa Wolf, „Kassandra". 2007, S. 121
[26] Wolf, Christa: Kassandra. Erzählung. Frankfurt a.M.: Suhrkamp, 2008, S.84

„Krieg" darf man die Situation in Troja nicht nennen, man spricht vielmehr von einem „Überfall".[27]

Ein manipuliertes Volk ist für Eumelos eine Grundvoraussetzung, um sein politisches Interesse durchzusetzen. Zum einen, weil er dadurch den Feind zu seinem Nutzen instrumentalisieren kann. Aber auch, um Geschichtsfälschung zu betreiben, sodass es scheint, dass es keine ruhmlosen oder erfolglosen Ereignisse in der Geschichte Trojas gibt.[28]

Wolf weist mit diesen Aspekten daraufhin, dass auch die USA ebenso wie die Sowjetunion Feindbilder aufgebaut haben, indem sie die Sprache als Machtinstrument missbrauchten. Dadurch haben sie nicht nur von dem Feind Gebrauch gemacht, um die eigene Macht zu verstärken, sondern auch beim Volk Angst erzeugt und Nutzen daraus gezogen.

Christa Wolf durchschaut jedoch die Machtpolitik und den Sprachmissbrauch um 1980:

> "Die Nachrichten beider Seiten bombardieren uns mit der Notwendigkeit von Kriegsvorbereitungen, die auf beiden Seiten Verteidigungsvorbereitungen heißen."[29]

Der Vergleich zwischen der Palastwelt und der Gemeinde am Ida-Berg, wo Kassandra viel lieber leben würde, lässt den Leser über seine Eingeschränktheit bewusst werden. Sehr passend hierzu stellt Wilfried Grauert fest:

> „Die Kritik an der trojanischen Gesellschaft ist nicht nur auf die von der wissenschaftlich-technischen Rationalität organisierten Industriegesellschaft im Allgemeinen, sondern auch auf deren realsozialistische Variante im Besonderen zu beziehen; z.B. kann Eumelos' Sicherheitsapparat als eine Institution des real existierenden bzw. bürokratischen Sozialismus verstanden werden, während die Gegen-Zivilisation am Berg Ida als ein alternatives, am demokratischen Sozialismus orientiertes Modell des gesellschaftlichen Lebens zu begreifen ist, in dem das Individuum angemessene Möglichkeiten der Entfaltung findet."[30]

---

[27] Ebd., S. 85-94
[28] Maisch, Christine: Ein schmaler Streifen Zukunft. Christa Wolfs Erzählung ‚Kassandra'. Würzburg: Konigshausen & Neumann, 1986, S. 75
[29] Wolf, Christa: Voraussetzungen einer Erzählung: Kassandra. Frankfurter Poetik-Vorlesungen. 2008, S. 133
[30] Grauert, Wilfried: Eine moderne Dissidentin. Zu Christa Wolfs Erzählung „Kassandra". In: Diskussion Deutsch 18 (1987) H.97, S. 432

Nachdem Troja jedoch den Krieg verloren hat, begreift Kassandra, dass es immer so skrupellose Menschen wie Eumelos geben wird und dass vor allem diese Sorte an Menschen gebraucht wird:

> „Sah das Gesicht, welches man von Mal zu Mal vergißt und das daher von Dauer ist. Ausdruckslos. Ehern. Unbelehrbar. […] Der überlebte nämlich. Und die Griechen würden ihn gebrauchen. Wohin wir immer kämen, dieser wär schon da. Und würde über uns hinweggehn."[31]

5. Fazit

Christa Wolf sieht Kassandra als Opfer einer inhumanen Welt, die durch ein hierarchisch-patriarchalisches Realitätsprinzip gekennzeichnet ist.[32] Trotz 3000 Jahre Unterschied gehen der Trojanische Krieg und das atomare Wettrüsten im Kalten Krieg aus dem aggressiven Denkprinzip von Männern hervor. Christa Wolfs Intention ist nicht nur, in Form des Mythos, das Geschehen der 80-er Jahre zu kritisieren, vielmehr versucht sie mit ihrer Erzählung einen eigenen Kassandraruf an die Menschheit zu versenden.

Mythologisch verschlüsselt setzt sie sich mit dem Alltag in der DDR auseinander, der eine ständige atomare Bedrohung bedeutete. Christa Wolf gelingt es ihre Leser in die Perspektive der trojanischen Seherin Kassandra zu versetzen, um ihnen die "Gefahr der möglichen Vernichtung und Selbstvernichtung unserer Kultur"[33] vor Augen zu halten.

Gerade die Idee und die Kunst, anhand der Verwendung eines archaischen Stoffes, den Leser auf eine Reise mitzunehmen und ihn für Kassandras Schicksal zu sensibilisieren, aber auch gleichzeitig in ihm die Verantwortung zu wecken, aktiv Widerstand gegenüber der Machtpolitik der Gegenwart zu leisten, macht Christa Wolfs Erzählung so einzigartig und zeitlos.

Auch auf die heutige Zeit ist der Mythos Kassandra übertragbar. Denn obwohl es heutzutage einigen Frauen gelingt Machtpositionen einzunehmen und somit Politik mitzugestalten, ist unser politisches System durch viele patriarchalische Merkmale gekennzeichnet. Trotz etlichen internationalen Abkommen zeigt sich, dass wenn es

---

[31] Wolf, Christa: Kassandra. Erzählung. 2008, S. 176
[32] Vgl. Hellberg, Wolf Dieter: Lektürehilfen Christa Wolf, „Kassandra". 2007, S. 7
[33] Documentation: Christa Wolf. Ein Gespräch über Kassandra. In: German Quaterly. Nr. 1/1984, S. 107

sich um wichtige strategische Regionen oder sonstiges Wirtschaftsinteresse handelt, aggressives Dominanz- und Besitzdenken vorherrscht. Was in der Antike für Troja der Bosporus war, ist in unserer Gegenwart für Russland die Krimregion. Das macht deutlich, dass „bestimmte Faktoren ein Land und sein Volk heute wie vor 3000 Jahren zum Krieg ‚reif machen' können."[34]

Daraus lässt sich schließen, dass die Botschaften, die Christa Wolf mit ihrem persönlichen Kassandraruf aussendet, auch für uns aktuell von Bedeutung sind!

---

[34] Maisch, Christine: Ein schmaler Streifen Zukunft. Christa Wolfs Erzählung ‚Kassandra'. 1986, S. 80

Literaturverzeichnis

Primärliteratur:

Wolf, Christa: Kassandra. Erzählung. Frankfurt a.M.: Suhrkamp, 2008.

Wolf, Christa: Nachdenken über Christa T., 12.Aufl., Darmstadt und Neuwied: Luchterhand, 1979.

Wolf, Christa: Voraussetzungen einer Erzählung: Kassandra. Frankfurter Poetik-Vorlesungen. Frankfurt a.M.: Suhrkamp, 2008.

Sekundärliteratur:

Der Brockhaus. In drei Bänden. Dritte, völlig neu bearbeitete Auflage. Leipzig, Mannheim: F.A. Brockhaus, 2004. (Bd. 2.).

Documentation: Christa Wolf. Ein Gespräch über Kassandra. In: German Quaterly. Nr. 1/1984.

Engelhardt, Michael v./Rohrwasser, Michael: Kassandra – Odysseus – Prometheus. Modelle der Mythosrezeption in der DDR-Literatur. In: L'80 (Juni 1985) H. 34.

Frank, Manfred: Der kommende Gott. Vorlesung über die Neue Mythologie, Teil 1. Frankfurt a.M.: Suhrkamp 1982 (=edition suhrkamp, Bd. 1142).

Grauert, Wilfried: Eine moderne Dissidentin. Zu Christa Wolfs Erzählung „Kassandra". In: Diskussion Deutsch 18 (1987) H.97.

Hellberg, Wolf Dieter: Lektürehilfen Christa Wolf, „Kassandra". Stuttgart: Klett Lernen und Wissen, 2007.

Jamme, Christoph: „Gott an hat ein Gewand". Grenzen und Perspektiven philosophischer Mythos-Theorien der Gegenwart. Frankfurt a.M.: Suhrkamp, 1991.

Leis, Mario: Christa Wolf, Kassandra. Lektüreschlüssel für Schülerinnen und Schüler. Stuttgart: Reclam, 2008.

Maisch, Christine: Ein schmaler Streifen Zukunft. Christa Wolfs Erzählung ‚Kassandra'. Würzburg: Konigshausen & Neumann, 1986.

Matzkowski, Bernd: Erläuterungen und Materialien. Bd. 372, 2008, 4. Aufl.

Ranke-Graves, Robert von: Griechische Mythologie. Quellen und Deutung. Hamburg: Rowohlt, 1984.

Renolder, Klemens: Utopie und Geschichtsbewusstsein. Versuche zur Poetik Christa Wolfs. Stuttgart: Akademischer Verlag, 1981.

Risse, Stefanie: Wahrnehmung und Erkennen in Christa Wolfs Erzählung „Kassandra". Pfaffenweiler: Centaurus-Verlagsgesellschaft, 1986.

Roser, Birgit: Mythenbehandlung und Kompositionstechnik in Christa Wolfs „Medea. Stimmen". Frankfurt/Main: Lang, 2000.

BEI GRIN MACHT SICH IHR WISSEN BEZAHLT

- Wir veröffentlichen Ihre Hausarbeit, Bachelor- und Masterarbeit

- Ihr eigenes eBook und Buch - weltweit in allen wichtigen Shops

- Verdienen Sie an jedem Verkauf

Jetzt bei www.GRIN.com hochladen und kostenlos publizieren